AF156338

chubi®
stermann®

Lesen und verstehen

Aufgaben für das Leseverstehen

Ursula Thüler • Illustrationen: Melanie Woicke

Kopierrecht

Das Werk und seine Teile sind urheber-
rechtlich geschützt.
Mit dem Kaufpreis ist das Kopierrecht
für den persönlichen Unterrichtsgebrauch
abgegolten.
Jede weitere Vervielfältigung ohne aus-
drückliche Genehmigung des Verlages ist
untersagt. Ohne solche Genehmigung
dürfen weder das Werk noch seine Teile
in ein Netzwerk gestellt werden.
Dies gilt sowohl für das Internet wie auch
für Intranets von Schulen oder sonstigen
Bildungseinrichtungen.

Alle Rechte vorbehalten.

© 2010 SCHUBI Lernmedien AG
CH-8207 Schaffhausen
service@schubi.com
www.schubi.com

6. Auflage 2022

ISBN 978-3-86723-254-8

No 102 19

Vorwort

Schon als Kind hat mich fasziniert, wie viele spannende Geschichten, welches Wissen, wie viel Gemüt und Gefühl auf den paar Zentimetern zwischen zwei Buchdeckeln eingeklemmt sind. Und dass sich diese ganze lebendige Welt jedem gratis erschließt, der lesen kann! Ich fand Lesen bei Weitem die attraktivste Möglichkeit, sich zu unterhalten. Ein Pluspunkt war, dass man das Buch nur zuzuklappen brauchte und schon war aufgeräumt.

Lesen macht natürlich nur Spaß, wenn man versteht, was man liest. Das Zusammenhängen der Buchstaben beherrschen die meisten Schulanfänger ja bald einmal – aber haben die Kinder den Sinn des Gelesenen auch erfasst? Ziel jedes Leseunterrichtes ist es, Buchstaben und Silben, Wörter und Sätze fließend lesen zu können. Geschieht dies jedoch nur auf oberflächliche Weise, ohne Konzentration auf den Inhalt, bleibt es beim „mechanischen" Lesen. Diese Art des Lesens geht am eigentlichen Ziel, dem Verstehen einer schriftlichen Botschaft, vorbei.

Die Definition der Lesekompetenz, erstellt im Rahmen der PISA-Studie, umschreibt in konzentrierter Form, was „Lesenkönnen" bedeutet: „Lesekompetenz ist die Fähigkeit, geschriebene Texte unterschiedlicher Art in ihren Aussagen, ihren Absichten und ihrer formalen Struktur zu verstehen und in einen größeren sinnstiftenden Zusammenhang einordnen zu können, sowie in der Lage zu sein, Texte für verschiedene Zwecke sachgerecht zu nutzen."
Etwas einfacher ausgedrückt, geht es beim Lesenkönnen also darum, einen Text zu erfassen, die Aussage zu verstehen, sich die erhaltenen Informationen zu merken und sie gegebenenfalls weiterzuverarbeiten.

Wer nicht oder nicht genügend gut lesen kann, hat es sehr schwer im Alltag. Sei es, dass der Tourist wissen muss, wann der nächste Bus zum Flughafen fährt, der Arzt den neuen Artikel in der Fachzeitschrift studieren oder der Schüler die Textaufgabe im Mathebuch verstehen muss – lesen können ist im Alltag unerlässlich.

Die Arbeitsaufträge der Reihe „Lesen und verstehen" vermitteln altersgemäß die Technik der Informationsaufnahme, indem die Kinder mit dem Lösen spannender, unterhaltsamer und lehrreicher Aufgaben beweisen können, dass sie das Gelesene verstanden haben.
Die Lösungen können sie fast immer selbst überprüfen anhand von Lösungswörtern, Ausmalbildern, Kreuzworträtseln, Dominos, Punktebildern und anderen kreativen Selbstkontrollmöglichkeiten.

Ich freue mich, wenn die Aufgaben in den zehn Bänden dazu beitragen, bei den Kindern die Freude und den Spaß am Lesen zu wecken und zu fördern und wünsche allen, die damit arbeiten, viel Freude und Erfolg.

Ursula Thüler

Inhalt

Detailübersicht

✎ = schreiben   ✐ = malen/zeichnen   ✂ = schneiden   ✖ = Bastelarbeit   ✓ = Selbstkontrolle

Seite   ★ einfach   ★★ mittelschwer   ★★★ schwierig

Seite		schreiben	malen/zeichnen	schneiden	Bastelarbeit	Selbstkontrolle		Schwierigkeit
9	**Die drei Spatzen**	✎					Fragen zum Gedicht beantworten	★
11	**Ein Zahlenbild**					✓	Zahlwörter lesen im Zahlenraum bis 100	★
13	**Was flattert da?**	✎	✐			✓	Benannte Punkte zu Figuren verbinden (Fahnen)	★
15	**Alles zum Anziehen**			✂		✓	Kleidungsstücke erraten (Domino)	★★
17	**Was passt zusammen?**	✎	✐				Aus Nomen zusammengesetzte Nomen bilden	★★
19	**Ein Tännlein steht im Walde**		✐	✂	✖		Basteln nach Anleitung (Wald aus Faltbäumen und -büschen)	★
21	**Auf dem Markt**	✎				✓	Aussagen zum Bild prüfen: ja oder nein?	★
23	**Krisskross**	✎				✓	Reimrätseln die Lösungen zuordnen und in ein Kreuzwortgitter einfüllen	★
25	**Eins passt nicht**	✎	✐			✓	Aus 4 Begriffen das „schwarze Schaf" bestimmen	★★
27	**Wer braucht was?**			✂		✓	Berufsleuten das passende Werkzeug zuordnen (nur Text)	★★
29	**Der verdrehte Schmetterling**	✎	✐				Ein Gedicht mit verdrehten Wörtern richtig aufschreiben	★★
31	**Zwei Mäuse auf Elefantenjagd**		✐				Spiralförmigen Text (nur Kleinbuchstaben) in Wörter gliedern und richtig aufschreiben	★★
33	**Geburtstagsrätsel**	✎					Anhand verschlüsselter Angaben zwei Geburtstagsdaten herausfinden	★★
35	**Fliegende Pfannkuchen**		✐			✓	Aussagen den beiden Kindern zuordnen	★★★
37	**Ein gefährliches Tier**	✎	✐			✓	Lückentext (fehlende Wörter)	★★★
39	**Ein Elefant vergisst nicht**	✎		✂		✓	Sätze einer Geschichte chronologisch ordnen	★★★
41	**Was für eine Unordnung!**	✎				✓	Prüfen, ob Dinge richtig aufgeräumt wurden: ja oder nein?	★★★
43	**Wo schwimmen sie?**	✎				✓	Aus Buchstaben Wörter bilden	★★★
45	**Frisches Obst**	✎	✐			✓	Logical (3 Objekte, 4 Unterscheidungsmerkmale)	★★★
47	**Wo ist der Taschendieb?**		✐				Einen Taschendieb aufgrund der Täterbeschreibung identifizieren	★★★

Allgemeine Hinweise

Konzept

Die Reihe umfasst folgende Titel:

Lesen und verstehen, Schuleingang/1./2. Schuljahr A	(einfacher)	Bestell-Nr. 102 10
Lesen und verstehen, 1./2. Schuljahr B	(schwieriger)	Bestell-Nr. 102 18
Lesen und verstehen, 2./3. Schuljahr A	(einfacher)	Bestell-Nr. 102 19
Lesen und verstehen, 2./3. Schuljahr B	(schwieriger)	Bestell-Nr. 102 21
Lesen und verstehen, 3./4. Schuljahr A	(einfacher)	Bestell-Nr. 102 25
Lesen und verstehen, 3./4. Schuljahr B	(schwieriger)	Bestell-Nr. 102 26
Lesen und verstehen, 4./5. Schuljahr A	(einfacher)	Bestell-Nr. 102 27
Lesen und verstehen, 4./5. Schuljahr B	(schwieriger)	Bestell-Nr. 102 29
Lesen und verstehen, 5./6. Schuljahr A	(einfacher)	Bestell-Nr. 102 37
Lesen und verstehen, 5./6. Schuljahr B	(schwieriger)	Bestell-Nr. 102 39

Jeder Band der Reihe „Lesen und verstehen" besteht aus 20 Lerneinheiten.

In den **A-Bänden** mit dem **Symbol der Feder** (Niveau 1, einfachere Aufgaben) sind die Basistexte jeder Lerneinheit auf der gleichen Seite untergebracht wie der eigentliche Arbeitsauftrag (Fragen zum Beantworten, Zuordnungsaufgaben Kreuzworträtsel, Punktebilder usw.). So haben die Schülerinnen und Schüler während des Lösens der Aufgabe die Möglichkeit, immer wieder auf den Textinhalt zurückzugreifen.

In den **B-Bänden** mit dem **Symbol des Gewichtssteins** (Niveau 2, anspruchsvollere bzw. umfangreichere Aufgaben) stehen die Basistexte in der Regel auf einer ersten und der Arbeitsauftrag auf einer zweiten Seite. Dadurch besteht die Möglichkeit, die Schülerinnen und Schüler die Aufgabe ohne den Basistext lösen zu lassen. In diesem Falle ist es wichtig, den Kindern genügend Zeit zu geben, um sich mit dem Textinhalt vertraut zu machen.
Leistungsschwächere Klassen (oder einzelne Schülerinnen und Schüler) dürfen die Basistexte während des Aufgabenlösens entsprechend ihren Fähigkeiten als Informationsquelle benutzen.

Die 10 Bände wurden jeweils zwei Schuljahren zugeordnet; die Aufgaben lassen sich je nach Lesefertigkeit und Fähigkeiten der Klasse flexibel einsetzen. Auch innerhalb der einzelnen Bände gibt es unterschiedliche Schwierigkeitsgrade, in der Detailübersicht auf Seite 5 sowie auf den Lösungsseiten gekennzeichnet mit 1, 2 oder drei Sternen (*/**/***).
Die ersten Aufgaben sind leichter, dann werden sie kontinuierlich schwieriger. Das kann der Binnendifferenzierung zusätzlich dienen.

Lernziele

- Leseverständnis
- Aufmerksamkeitsschulung
- Konzentrationsförderung
- Gedächtnistraining
- Förderung der Vorstellungskraft

Einsatzmöglichkeiten

- Regelklassen
- Förderunterricht
- Sonderpädagogik
- Nachhilfe
- Vertretungsstunden
- Therapien

Vorgehen beim Lösen der Aufgaben

Für das Lösen der Aufgaben bieten sich unterschiedliche Möglichkeiten, die mehr oder weniger Anforderungen an die Kinder stellen.

- Das Thema bzw. der Inhalt der Aufgabe wird vorher besprochen.

- Sowohl das Thema als auch die zu lösende Aufgabe werden vorbesprochen. Falls nötig, sollten Aufgabenprinzipien (Kreuzworträtsel, Logicals usw.) anhand von Beispielen erklärt und eventuell gemeinsam geübt werden.

- Die erste Teilaufgabe wird auf dem Blatt gemeinsam gelöst bzw. der erste Arbeitsschritt gemeinsam gemacht und besprochen.

- Der Arbeitsauftrag wird ohne Vorbesprechen an die Kinder abgegeben. Sie lesen den Basistext und bearbeiten anschließend das Blatt.

- Je nach Stand der Klasse bzw. den Fähigkeiten der einzelnen Schülerinnen und Schülern stehen die Basistexte in den B-Bänden, die nicht auf derselben Seite stehen wie die Aufgaben, den Kindern während des Lösens zur Verfügung oder werden beiseitegelegt.

- Zur Abwechslung werden geeignete Basistexte nicht in schriftlicher Form abgegeben, sondern von Ihnen oder einem lesestarken Kind langsam und deutlich vorgelesen. Dies bedeutet eine zusätzliche Erschwerung, da neben der Textinterpretation auch Hörverstehen und eine nicht zu unterschätzende Gedächtnisleistung gefordert werden. Wiederholtes Vorlesen vereinfacht die Aufgabe.

Zeitaufwand

Der Zeitaufwand für die Bearbeitung der Blätter ist sehr unterschiedlich. Es gibt Aufgaben, die eine ganze Lektion füllen, andere sind in wenigen Minuten gelöst. Da die Zeit, die die Kinder zum Lösen einer Aufgabe benötigen, sehr individuell ist, wurde auf die Angabe von Richtzeiten verzichtet.

Selbstkontrolle

Die Lösungen der Aufgaben auf den Arbeitsblättern lassen sich in der Regel mit Kreuzworträtseln, Punktebildern, Lösungswörtern und anderen spielerischen Selbstkontrollmöglichkeiten überprüfen. Das ist für die Kinder nicht nur attraktiv, sondern verhindert weitgehend, dass fehlerhafte Rechtschreibung die richtige Lösung erschwert oder gar verhindert. Arbeitsaufträge mit Selbstkontrolle sind in der Detailübersicht auf Seite 5 mit einem Häkchen gekennzeichnet. Aufgaben ohne Selbstkontrolle sind so konzipiert, dass Sie von Ihnen ohne großen Zeitaufwand überprüft werden können.

Tipps und Hinweise

– Kopieren Sie alles, was ausgeschnitten wird, auf festes Papier. Das erleichtert den Kindern die Handhabung. Bei wiederholtem Verwenden der Domino- und Memospiele lohnt sich vielleicht sogar das Laminieren der Kärtchen.

– Wenn die Kinder Aufgaben, bei denen sie unsicher sind, erst mit Bleistift lösen, können Fehler problemlos korrigiert werden.

– Schnittlinien sind in der Regel gestrichelt, Ausnahmen sind auf den betreffenden Blättern vermerkt.

– Lagebeziehungen wie „rechts" und „links" sind vom Betrachter aus zu verstehen. „Der Erste", „ der Zweite", „der Letzte" … nimmt Bezug auf die Leserichtung.

Die drei Spatzen

In einem leeren Haselstrauch,
da sitzen drei Spatzen, Bauch an Bauch.

Der Erich rechts und links der Franz
und mitten drin der freche Hans.

Sie haben die Augen zu, ganz zu,
und obendrüber da schneit es, hu!

Sie rücken zusammen dicht an dicht.
So warm wie der Hans hats niemand nicht.

● Sie hören alle drei ihrer Herzlein Gepoch.
Und wenn sie nicht weg sind, so sitzen sie noch.

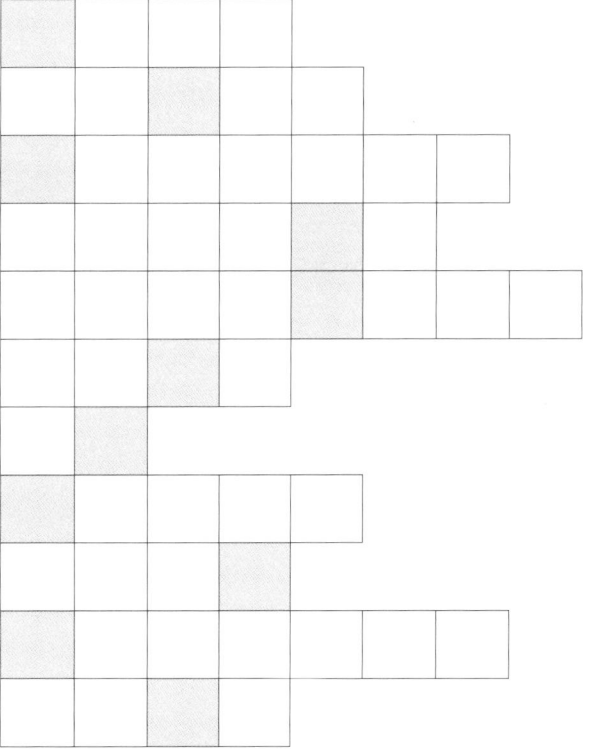

Christian Morgenstern

Schreibe die Namen der Vögel unter das Bild und beantworte die Fragen.

Wer sitzt in der Mitte?

Wer sitzt links?

Franz, Erich und Hans sind

Was fällt vom Himmel?

● Die Vögel hören ihre

Welches ist der frechste Vogel?

Ihre Augen sind

Rechts sitzt

Wer hat es am wärmsten?

Die Vögel sitzen in einem Hasel…

Wie viele Vögel sind es?

Lies die Buchstaben in den grauen Feldern von oben nach unten.
U und E geben zusammen ein Ü.

Das findet man im Herbst unter dem Strauch:

Die drei Spatzen

★

Lösung

Franz   Hans   Erich

Wer sitzt in der Mitte?	H	A	N	S		
Wer sitzt links?	F	R	A	N	Z	
Franz, Erich und Hans sind	S	P	A	T	Z	E	N
Was fällt vom Himmel?	S	C	H	N	E	E
Die Vögel hören ihre	H	E	R	Z	L	E	I	N
Welches ist der frechste Vogel?	H	A	N	S
Ihre Augen sind	Z	U
Rechts sitzt	E	R	I	C	H
Wer hat es am wärmsten?	H	A	N	S
Die Vögel sitzen in einem Hasel…	S	T	R	A	U	C	H
Wie viele Vögel sind es?	D	R	E	I

Das findet man im Herbst unter dem Strauch: **Haselnüsse**

Hinweis

„Rechts" und „links" ist vom Betrachter aus zu verstehen.

Ein Zahlenbild

Lies die Zahlwörter.

Male im Bild die Felder mit diesen Zahlen aus.

fünfundneunzig

sechsundfünfzig

fünfundzwanzig

● achtundsiebzig

fünfundachtzig

sechzig

zweiundneunzig

siebenundsiebzig

dreiundfünzig

vierundvierzig

einundsechzig

siebenundachtzig

zweiundvierzig

● neunundsechzig

dreizehn

achtundfünfzig

einundzwanzig

vierundfünfzig

dreiundsechzig

sechzehn

achtundachtzig

dreiundvierzig

Ein Zahlenbild ★

Lösung

Was flattert da?

Nimm Bleistift und Lineal. Verbinde die Punkte mit geraden Linien.

vom Pfeil zum Mond
von der Schere zur Brille
vom Pfeil zur Schere
vom Telefon zum Viereck
vom Mond zur Brille
von der Uhr zum Schneestern

vom Brief zum Buch
von der Hand zum Kreuz
vom Kreis zum Brief
vom Flugzeug zur Sonne
von der Blume zum Buch
vom Kreis zur Blume

von der Spinne zur Fahne
vom Hund zum Herz
vom Stern zum Flugzeug
vom Vogel zum Tropfen
von der Spinne zum Vogel
vom Fahrrad zum Hund
von der Fahne zum Tropfen
vom Stern zur Glocke
vom Flugzeug zum Bett
vom Fahrrad zum Spinnennetz
von der Glocke zum Bett
vom Spinnennetz zum Herz

Suche die Flaggen der drei Länder, in denen Deutsch gesprochen wird, im Lexikon oder im Internet. Male sie mit den richtigen Farben aus.

Was flattert da?   ★

Lösung

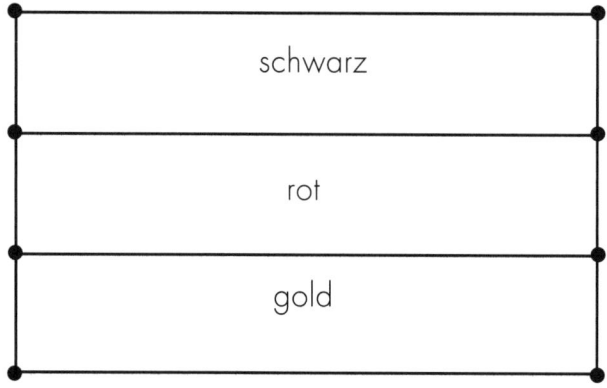

Deutschland

Österreich

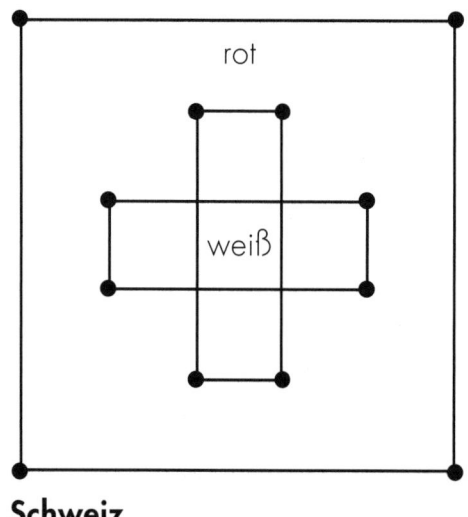

Schweiz

Alles zum Anziehen

Schneide die Dominokärtchen aus.
Nimm ein Kärtchen, lies das Rätsel
und lege es vor dir auf den Tisch.
Suche das Kärtchen mit dem gesuchten Kleidungsstück
und lege es neben das erste Kärtchen.
Lies das neue Rätsel und suche wieder die Lösung dazu.

Fahre so fort, bis du alle Kärtchen aufgebraucht hast.
Wenn das letzte Rätsel zum Kleidungsstück auf dem ersten Kärtchen passt,
hast du alles richtig gemacht.

——————— *schneiden*

Pyjama	Damit kann man prima durch Pfützen waten.	**Skischuhe**	Er wird an Hochzeiten und vom Schornsteinfeger getragen.	**Gummmi-stiefel**	Sie beginnen bei den Zehen und enden unter den Knien.
Sonnen-brille	Der Koch trägt sie bei der Arbeit.	**Zylinder**	Sie schützt die Augen vor der Sonne.	**Schürze**	Das trägt die Braut bei der Hochzeit.
Schleier	Man trägt es nachts.	**Taucher-anzug**	Sie sorgen dafür, dass die Hose nicht herunterfällt.	**Abendkleid**	Diese Schuhe sind bei Regenwetter nicht zu empfehlen.
Hand-schuhe	Jeder Fahrradfahrer sollte ihn tragen.	**Unterhose**	Kleidungsstück mit fünf Fingern	**Helm**	Wer nach einem Schatz tauchen will, braucht ihn.
Uniform	Er hält im Winter den Hals warm.	**Sandaletten**	Der Polizist trägt sie im Dienst.	**Schal**	Bei einem Loch schlüpft man hinein, bei zwei Löchern hinaus.
Rollkragen-pullover	Frauen tragen es bei festlichen Anlässen.	**Knie-strümpfe**	Pullover für kalte Tage	**Hosen-träger**	Teil der Skiausrüstung

Alles zum Anziehen

Lösung

Das Domino kann mit jedem beliebigen Kärtchen begonnen werden.

Pyjama	Damit kann man prima durch Pfützen waten.	**Gummmi-stiefel**	Sie beginnen bei den Zehen und enden unter den Knien.	**Knie-strümpfe**	Pullover für kalte Tage	**Rollkragen-pullover**	Frauen tragen es bei festlichen Anlässen.	**Abendkleid**	Diese Schuhe sind bei Regenwetter nicht zu empfehlen. →

→ **Sandaletten**	Der Polizist trägt sie im Dienst.	**Uniform**	Er hält im Winter den Hals warm.	**Schal**	Bei einem Loch schlüpft man hinein, bei zwei Löchern hinaus.	**Unterhose**	Kleidungsstück mit fünf Fingern	**Hand-schuhe**	Jeder Fahrradfahrer sollte ihn tragen. →

→ **Helm**	Wer nach einem Schatz tauchen will, braucht ihn.	**Taucher-anzug**	Sie sorgen dafür, dass die Hose nicht herunterfällt.	**Hosen-träger**	Teil der Ski-ausrüstung	**Skischuhe**	Er wird an Hochzeiten und vom Schornsteinfeger getragen.	**Zylinder**	Sie schützt die Augen vor der Sonne. →

→ **Sonnen-brille**	Der Koch trägt sie bei der Arbeit.	**Schürze**	Das trägt die Braut bei der Hochzeit.	**Schleier**	Man trägt es nachts.

→ *zum Anfang*

Hinweise

- Wenn Sie das Domino auf festes Papier kopieren, ist die Handhabung der Kärtchen einfacher.

- Weisen Sie die Kinder darauf hin, dass nur die *durchgezogenen* Linien geschnitten werden sollen.

- Das Domino eignet sich auch als Spiel für 2–3 Kinder.
  Die Kärtchen werden gleichmäßig verteilt. Abwechselnd dürfen die Spielenden ein passendes Kärtchen anlegen (egal auf welcher Seite). Hat ein Spieler kein passendes Kärtchen, lässt er diese Runde aus. Sieger ist, wer als Erster alle Kärtchen ablegen konnte.

Was passt zusammen?

Verbinde die beiden Nomen, die zusammen ein neues Wort ergeben.
Achtung, du darfst die Nomen nicht verändern!
Ein Wort bleibt übrig.

● *Schreibe die zusammengesetzten Nomen hier auf:*

....

....

....

....

....

....

Zeichne hier, was übrig bleibt:

Was passt zusammen?   ✶✶

Lösung

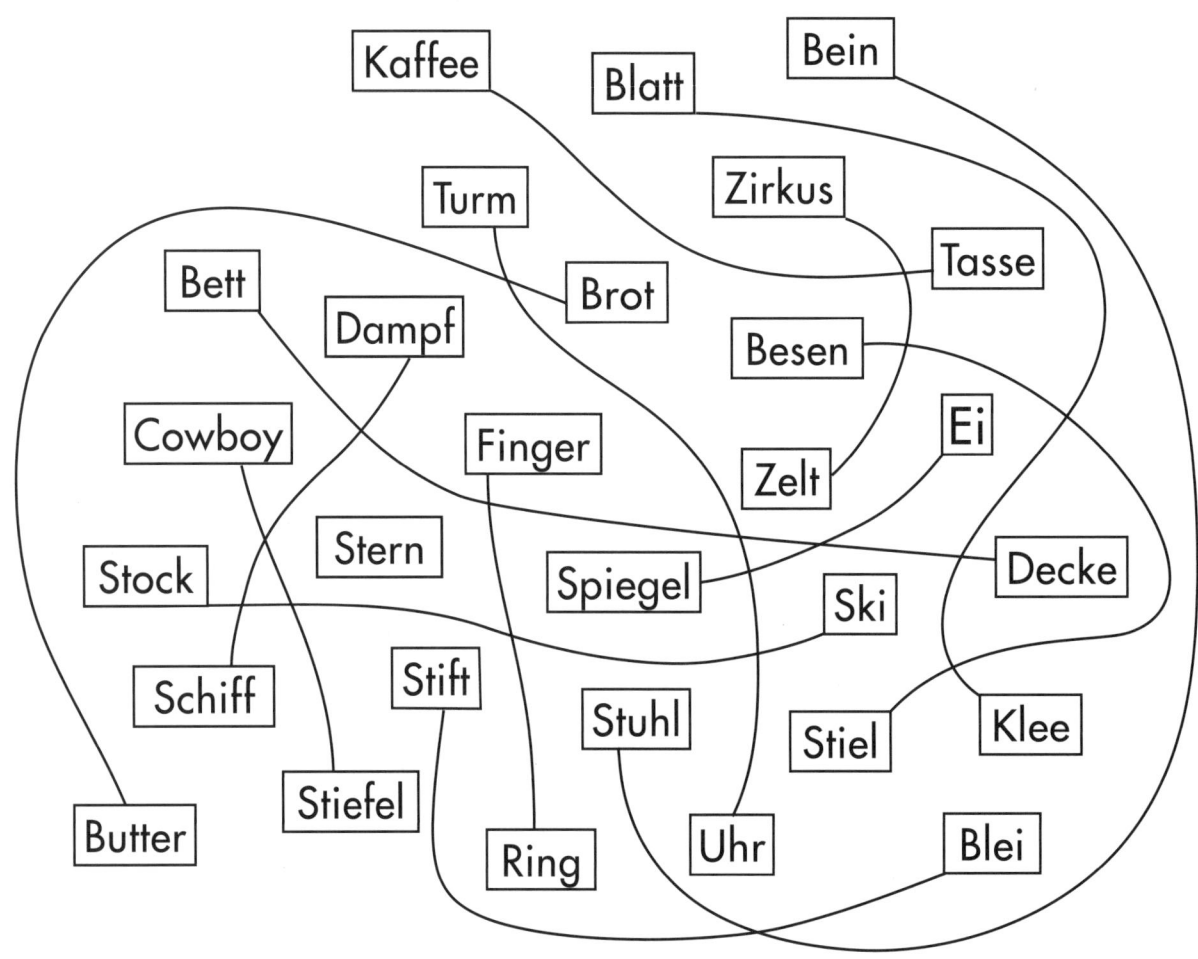

Zusammengesetzte Nomen (alphabetisch geordnet):

Besenstiel	Kleeblatt
Bettdecke	Butterbrot
Bleistift	Skistock
Cowboystiefel	Spiegelei
Dampfschiff	Stuhlbein
Fingerring (Ringfinger)	Turmuhr
Kaffeetasse	Zirkuszelt Übrig bleibt das Wort **Stern**.

Hinweise

– Die Aufgabe wird schwieriger, wenn Sie vor dem Kopieren die Illustrationen abdecken.

– Die verwendeten Wörter durchstreichen.

Ein Tännlein steht im Walde

*So einen hübschen Wald
kannst du ganz einfach
selber machen!*

Das brauchst du für die Tanne:

- grünes Zeichenpapier
- einen Bleistift
- den braunen Farbstift
- eine Schere

—————— *schneiden*

--------- *falten*

*Lies und arbeite Schritt für Schritt genau nach.
Die Zeichnungen helfen dir dabei.*

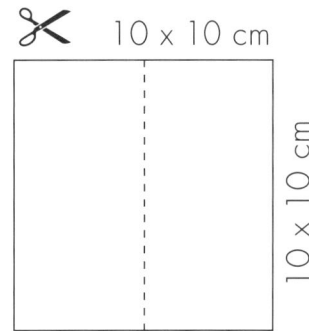

1. Schneide für jede Tanne 2 Quadrate
   von 10 cm Seitenlänge zu.

2. Leg die beiden Quadrate aufeinander
   und falte sie in der Mitte.

3. Zeichne vom Falz her eine halbe Tanne
   mit einem dicken Stamm.

4. Halte die gefalteten Blätter gut fest.

5. Schneide an der gezeichneten Linie entlang.

6. Falte die beiden Formen auf.

7. Male die Stämme auf beiden Seiten des Papiers braun an.

8. Schneide beim ersten Blatt
   den Falz von unten her bis zur Mitte auf.

9. Schneide beim zweiten Blatt den Falz
   von oben her bis zur Mitte auf.

10. Schiebe die beiden Schnitte ineinander
    und stell deine Tanne auf.

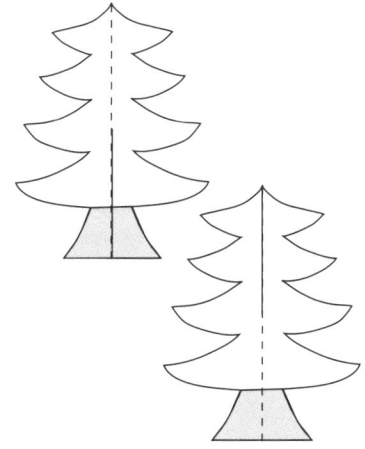

*Probiere auch andere Formen
für Bäume und Büsche aus.
Gruppiere alles zu einem schönen Wald.*

Ein Tännlein steht im Walde ✷

Hinweis

Vorschläge für weitere Formen:

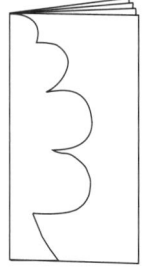 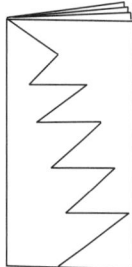 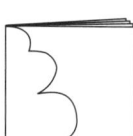

Ein Tännlein steht im Walde

Hinweis

Vorschläge für weitere Formen:

Auf dem Markt

Stimmt das, was da steht? Kreuze die Kästchen unter der richtigen Antwort an.

	ja	nein
Herr Heinrich verkauft Käse und Eier.	e	a
Zehn Eier bekommt man heute zum Preis von sechs.	V	n
Einer Frau kollern die Äpfel aus dem Korb auf den Boden.	i	u
Ein Hund hat eine ganze Kette Würste geklaut.	f	M
Der kleine Junge mit dem Teddy guckt dem Hund erstaunt nach.	t	s
Sein Papa darf unterdessen ein Stück Käse probieren.	ä	ü
Ein Junge kauft am Blumenstand einen Kaktus.	p	k
Die Obsthändlerin legt einen Gewichtsstein auf die Waage.	d	t
Heute sind Orangen im Sonderangebot.	E	b
An Lottas Stand kann man Gewürze kaufen.	w	s
Ein Bauer bietet verschiedene Spezialitäten von seinem Hof an.	a	o
Der Fischverkäufer wehrt sich lachend gegen die Katze, die ihm Fische geklaut hat.	n	i

Diese Buchstaben habe ich angekreuzt: ....

Richtig zusammengesetzt ergeben sie den Namen eines Gegenstandes, in dem man die eingekauften Dinge nach Hause tragen kann. Beginne mit dem GROSSBUCHSTABEN.

....

Auf dem Markt ★

Lösung

	ja	nein	
Herr Heinrich verkauft Käse und Eier.	e	a	
Zehn Eier bekommt man heute zum Preis von sechs.	V	n	(acht)
Einer Frau kollern die Äpfel aus dem Korb auf den Boden.	i	u	(Einkaufstüte)
Ein Hund hat eine ganze Kette Würste geklaut.	f	M	
Der kleine Junge mit dem Teddy guckt dem Hund erstaunt nach.	t	s	
Sein Papa darf unterdessen ein Stück Käse probieren.	ä	ü	(Mama)
Ein Junge kauft am Blumenstand einen Kaktus.	p	k	(Blumen)
Die Obsthändlerin legt einen Gewichtsstein auf die Waage.	d	t	(Kirschen)
Heute sind Orangen im Sonderangebot.	E	b	
An Lottas Stand kann man Gewürze kaufen.	w	s	(Backwaren)
Ein Bauer bietet verschiedene Spezialitäten von seinem Hof an.	a	o	
Der Fischverkäufer wehrt sich lachend gegen die Katze, die ihm Fische geklaut hat.	n	i	(verärgert)

Lösungwort: **Einkaufstüte**

Krisskross

_Trage die Lösungen aus dem grauen Kasten
am richtigen Ort ins Krisskrossgitter ein._

1. Sag mir doch den Vogel an,
   der seinen Namen rufen kann.

2. Je mehr es bekommt,
   desto hungriger wird es.
   Hat es alles gefressen,
   so stirbt es.

3. Erst WEISS wie Schnee,
   dann GRÜN wie Klee,
   dann ROT wie Blut,
   schmeckt allen Kindern gut.

4. Du siehst es stets bei Sonnenschein,
   am Mittag ist es kurz und klein
   und wächst bei Sonnenuntergang
   und wird gar wie ein Baum so lang.

5. Es läuft und springt mit frohem Sinn
   durch Wald und Wiesental dahin
   und hat doch keine Beine.
   Es wird nie müd, läuft immer zu,
   hat Tag und Nacht nicht Rast, nicht Ruh.
   Errätst du, was ich meine?

6. Ein Tal voll und ein Land voll,
   am End ists keine Handvoll.

7. Fünf Finger und doch keine Hand,
   ein Schuh, doch ohne Sohle;
   bald ist es hell wie eine Wand,
   bald ist es schwarz wie Kohle.

8. Es ist ein kleines Männchen,
   hat einen runden Kopf,
   und streicht man ihm das Köpfchen,
   brennt gleich der ganze Schopf.

9. Was rüttelt sich und schüttelt sich
   und macht ein Häufchen unter sich?

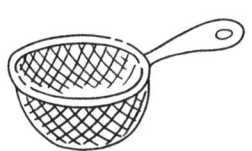

Kirsche	Nebel	Sieb	Feuer
Streichholz	Uhu	Handschuh	
Schatten	Bächlein		

© SCHUBI

Krisskross ★

Lösung

1. Sag mir doch den Vogel an,
   der seinen Namen rufen kann.
   Uhu

2. Je mehr es bekommt,
   desto hungriger wird es.
   Hat es alles gefressen,
   so stirbt es.
   Feuer

3. Erst WEISS wie Schnee,
   dann GRÜN wie Klee,
   dann ROT wie Blut,
   schmeckt allen Kindern gut.
   Kirsche

4. Du siehst es stets bei Sonnenschein,
   am Mittag ist es kurz und klein
   und wächst bei Sonnenuntergang
   und wird gar wie ein Baum so lang.
   Schatten

5. Es läuft und springt mit frohem Sinn
   durch Wald und Wiesental dahin
   und hat doch keine Beine.
   Es wird nie müd, läuft immer zu,
   hat Tag und Nacht nicht Rast, nicht Ruh.
   Errätst du, was ich meine?
   Bächlein

6. Ein Tal voll und ein Land voll,
   am End ists keine Handvoll.
   Nebel

7. Fünf Finger und doch keine Hand,
   ein Schuh, doch ohne Sohle;
   bald ist es hell wie eine Wand,
   bald ist es schwarz wie Kohle.
   Handschuh

8. Es ist ein kleines Männchen,
   hat einen runden Kopf,
   und streicht man ihm das Köpfchen,
   brennt gleich der ganze Schopf.
   Streichholz

9. Was rüttelt sich und schüttelt sich
   und macht ein Häufchen unter sich?
   Sieb

Hinweis

Die Aufgabe ist schwieriger, wenn vor dem Kopieren das Feld mit den Lösungswörtern abgedeckt wird.

Eins passt nicht

Übermale in jeder Zeile, was nicht dazu passt.

Tisch	Laterne	Bett	Stuhl
Tulpe	Rose	Veilchen	Erbse
Orange	Gurke	Tomate	Karotte
Bonbon	Schokolade	Nuss	Praline
Biene	Wespe	Igel	Mücke
Erik	Paul	Lars	Emma
Bleistift	Papier	Füller	Kreide
April	Frühling	Winter	Sommer
Affe	Leopard	Krokodil	Urwald
Löffel	Tasse	Teller	Schüssel
Stiefel	Pantoffel	Schuh	Socke
Joghurt	Obst	Käse	Butter
Segelschiff	Flugzeug	Dampfer	Fähre
Fluss	Meer	Bach	Insel
Eule	Adler	Esel	Möwe

Lies die ersten Buchstaben von jedem übermalten Wort
von oben nach unten. Dann erfährst du die Namen der Kinder auf der Bank.
Schreibe zu jedem Kind den richtigen Namen.

....

Eins passt nicht ★

Lösung

Tisch	**L**aterne	Bett	Stuhl
Tulpe	Rose	Veilchen	**E**rbse
Orange	Gurke	Tomate	Karotte
Bonbon	Schokolade	**N**uss	Praline
Biene	Wespe	**I**gel	Mücke
Erik	Patrick	Lars	**E**mma
Bleistift	**P**apier	Füller	Kreide
April	Frühling	Winter	Sommer
Affe	Leopard	Krokodil	**U**rwald
Löffel	Tasse	Teller	Schüssel
Stiefel	Pantoffel	Schuh	**S**ocke
Joghurt	**O**bst	Käse	Butter
Segelschiff	**F**lugzeug	Dampfer	Fähre
Fluss	Meer	Bach	**I**nsel
Eule	Adler	**E**sel	Möwe

Paul   Sofie   Leonie

Wer braucht was?

Lege die ausgeschnittenen Kärtchen auf die Felder in der oberen Blatthälfte.

Wer braucht das, was übrig bleibt? ....

Köchin	Fotografin	Bäcker	Fee	Lehrerin
Kranken-schwester	Wald-arbeiter	Sekretärin	Fischer	Polizist
Sängerin	Auto-mechaniker	Schneiderin	Verkäuferin	Uhrmacher
Metzger	Schreiner	Musiker	Forscher	Bauarbeiter

✂

Hobel	Handschellen	Knet-maschine	Bratpfanne	Netz
Kasse	Zauberstab	Saxofon	Fieber-thermometer	Nähmaschine
Mikroskop	Kaminbesen	Bagger	Schrauben-schlüssel	Mikrofon
Digital-kamera	Lupe	Motorsäge	Wandtafel-kreide	Fleischmesser

   Computer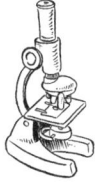

Wer braucht was? ★★

Lösung

Köchin	Fotografin	Bäcker	Fee	Lehrerin
Bratpfanne	**Digital-kamera**	**Knet-maschine**	**Zauberstab**	**Wandtafel-kreide**
Kranken-schwester	Wald-arbeiter	Sekretärin	Fischer	Polizist
Fieber-thermometer	**Motorsäge**	**Computer**	**Netz**	**Handschellen**
Sängerin	Auto-mechaniker	Schneiderin	Verkäuferin	Uhrmacher
Mikrofon	**Schrauben-schlüssel**	**Nähmaschine**	**Kasse**	**Lupe**
Metzger	Schreiner	Musiker	Forscher	Bauarbeiter
Fleischmesser	**Hobel**	**Saxofon**	**Mikroskop**	**Bagger**

Dieses Kärtchen bleibt übrig: **Kaminbesen**

Den Kaminbesen braucht **der Schornsteinfeger**.

Hinweise für den Unterricht

– Wenn Sie das Spiel auf festes Papier kopieren, ist die Handhabung der Kärtchen einfacher.

– *Spielvariante: Memo*
Beide Blatthälften werden in einzelne Kärtchen zerschnitten, das Kärtchen "Kaminbesen" aussortiert. Gespielt wird zu zweit, zu dritt oder zu viert nach den bekannten Memory-regeln.

Der verdrehte Schmetterling

Ein Metterschling
mit flauen Bügeln
log durch die Fluft.
Er wurde einem Computer entnommen,
dem war was durcheinandergekommen:
Irgendein Rädchen,
irgendein Drähtchen,
und als man es merkte,
da wars schon zu spätchen.
Da war der Metterschling schon feit wort …
wanz geit …
Mir lut er teid.

Mira Lobe

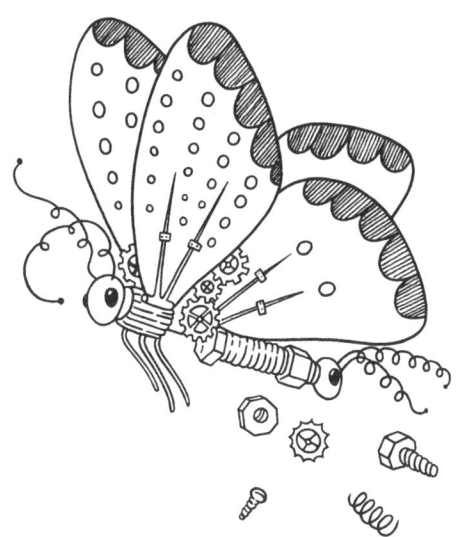

*Male den Schmetterling
mit der richtigen Farbe.*

Der Computer ist repariert. Was sagt er jetzt?

Der verdrehte Schmetterling

Lösung

Ein Schmetterling
mit blauen Flügeln
flog durch die Luft.
Er wurde einem Computer entnommen,
dem war was durcheinandergekommen:
irgendein Rädchen,
Irgendein Drähtchen,
und als man es merkte,
da wars schon zu spät(chen).
Da war der Schmetterling schon weit fort ...
ganz weit ...
Mir tut er leid.

Der Schmetterling hat **blaue** Flügel.

Der verdrehte Schmetterling

aus: Wildermuth (Hrsg.), Der Esel zog Pantoffeln an, 1978 Heinich Ellermann Verlag, München © Mira Lobe

Zwei Mäuse auf Elefantenjagd

Lies den Witz.
Trenne die Wörter mit roten Strichen.

Zweimäusehabenineneelefantenaufgestöbert.sagtdieeine:"toll,denbratenwiruns.dubewachstihn,ichholeinzwischenfeuerholz!"alssiezurückkommt,stehtdieanderemausalleineundjammert:"derelefantistweggelaufen!" "lügdochnicht,dukaustjanoch!"

Wie viele Striche sind es? ☐

Schreibe den Witz mit allen Satzzeichen richtig auf.
Achtung, schreibe die Nomen und die Satzanfänge GROSS!

....

....

....

....

....

....

....

Lies den Witz jemandem vor.

© SCHUBI

Zwei Mäuse auf Elefantenjagd ★★

Lösung

Zwei Mäuse haben im Wald einen Elefanten aufgestöbert.
Sagt die eine: „Toll, den braten wir uns. Du bewachst ihn, ich hole inzwischen Feuerholz!"
Als sie zurückkommt, steht die andere Maus alleine da und jammert:
„Der Elefant ist weggelaufen!" „Lüg doch nicht, du kaust ja noch!"

Es sind **44** Striche.

Zwei Mäuse auf Elefantenjagd

Geburtstagsrätsel

„Marion, wann hast du Geburtstag?", fragt Kathi.

„Das sage ich dir nicht! Du musst es erraten.

Ich habe in der ersten Hälfte des Jahres Geburtstag.

Überall blüht es.

Mein Geburtstagsmonat gehört zu den langen,

aber sein Name ist der kürzeste aller Monatsnamen.

Wenn du den Tag wissen willst,

● musst du alle Monate des Jahres zählen

und diese Zahl dann umkehren."

Kathi studiert lange. Endlich lacht sie: „Ich habs!

Es ist der .... !"

„Aber jetzt musst du meinen Geburtstag auch erraten,"sagt Kathi.

„Wenn ich Geburtstag habe, gibt es frischen Apfelsaft.

Das, was von den Apfel-, den Birn- und

● den Kirschbäumen geerntet wird,

beginnt mit dem gleichen Buchstaben wie mein Geburtstagsmonat.

Zum richtigen Tag kommst du, wenn du vom Wort Nacht

einen Buchstaben weglässt.

Kannst du jetzt erraten, wann mein Geburtstag ist?"   *Magdalena Steinmann*

Bestimmt hast du es auch erraten.

Kathi hat

am .... Geburtstag.

Geburtstagsrätsel

Lösung

Marion hat am **21. Mai** Geburtstag.

Kathi hat am **8. Oktober** Geburtstag. (O wie Obst)

Hinweis

Zusatzaufgabe: Jedes Kind erfindet ein Rätsel zu seinem Geburtstag. Die Rätsel werden ausgetauscht oder vorgelesen und gemeinsam gelöst.

aus: Irene Thalmann-Sager (Hrsg.), Lesebuch 2 für die Grundschule,
1979 R. Oldenburg Verlag GmbH, München, © Magalena Steinmann

Fliegende Pfannkuchen

Ich mache inzwischen weiter.
20

Bestimmt klappt es beim nächsten Mal. Ich kehre mal die Reste am Boden zusammen.
47

So, das Öl raucht schon ein bisschen, gib jetzt eine Kelle voll Teig in die Pfanne.
13

Schau, ich kanns besser als du.
25

Die Eier schlage ich selber auf, dazu bist du noch zu klein.
42

Hoppla, tut mir leid, das wollte ich nicht – aber dein Mützchen steht dir gut!
36

Gut, aber ich darf umrühren.
14

Jetzt pass auf, ein Meisterkoch wie ich kann Pfannkuchen in der Luft wenden!
23

Komm Sara, wir backen Pfannkuchen.
32

Pass aber auf, die Pfanne ist schwerer als du denkst, Kleine!
34

Das hätte ich auch gekonnt, die Hälfte ist auf dem Boden gelandet!
45

Gute Idee, da wird sich Mama freuen – meinst du, wir können das?
28

Wer spricht?
Unterstreiche alles, was Ben sagt,
mit dem roten Farbstift.
Unterstreiche alles, was Sara sagt,
mit dem blauen Farbstift.

Suche dann die gleichen Zahlen im
Gitter und male die Felder
mit derselben Farbe aus.

Wenn du alles richtig gemacht hast,
ergibt sich eine symmetrische Figur.

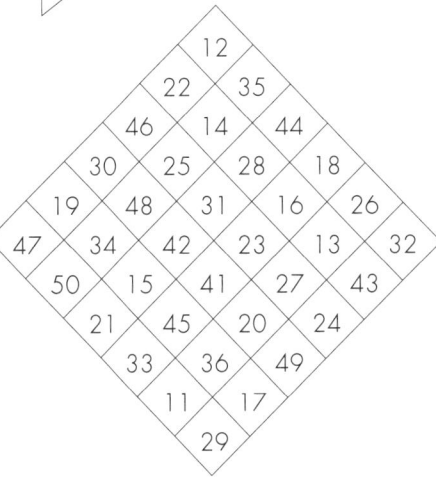

Fliegende Pfannkuchen ★★★

Lösung

Ben / Sara

Ich mache inzwischen weiter.
20

Bestimmt klappt es beim nächsten Mal. Ich kehre mal die Reste am Boden zusammen.
47

So, das Öl raucht schon ein bisschen, gib jetzt eine Kelle voll Teig in die Pfanne.
13

Schau, ich kanns besser als du.
25

Die Eier schlage ich selber auf, dazu bist du noch zu klein.
42

Hoppla, tut mir leid, das wollte ich nicht – aber dein Mützchen steht dir gut!
36

Gut, aber ich darf umrühren.
14

Jetzt pass auf, ein Meisterkoch wie ich kann Pfannkuchen in der Luft wenden!
23

Komm Sara, wir backen Pfannkuchen.
32

Pass aber auf, die Pfanne ist schwerer als du denkst, Kleine!
34

Das hätte ich auch gekonnt, die Hälfte ist auf dem Boden gelandet!
45

Gute Idee, da wird sich Mama freuen – meinst du, wir können das?
28

		12			
	22	35			
46	14	44			
30	25	28	18		
19	48	31	16	26	
47	34	42	23	13	32
50	15	41	27	43	
21	45	20	24		
33	49	36			
11	17				
29					

Ein gefährliches Tier

Lies genau und denk nach.
Dann ist es nicht schwer, die fehlenden Wörter einzusetzen.

Es sieht fast aus wie eine riesige Eidechse
und kann bis sieben .... lang werden.
Sein .... ist etwa gleich lang
wie der Rest des Körpers.
Er dient beim Schwimmen als Ruder.

Seine .... sind mit Krallen versehen.
Im .... kann es genauso gut leben wie an Land.
Seine Eier vergräbt es im warmen Sand oder im Schlamm.
Nach etwa drei Monaten schlüpfen die .... aus.

Wenn es schwimmt,
sieht man nur seine .... und seine Nasenlöcher.
Das Tier ist ein Fleischfresser.
Seine vielen spitzen, scharfen .... braucht es nur,
um seine Beute packen zu können.
Was es fängt, schluckt es unzerkaut herunter.

Seine schlimmsten .... sind die Menschen.
Früher machten sie Jagd auf die Jungtiere,
um aus ihrer Schuppenhaut Leder
für Handtaschen und .... herstellen zu können.
Heute ist das zum Glück streng verboten.

Die .... sollen ja nicht aussterben!

Male hier das Tier:

Ein gefährliches Tier ★★★

Lösung

Es sieht fast aus wie eine riesige Eidechse
und kann bis sieben **Meter** lang werden.
Sein **Schwanz** ist etwa gleich lang
wie der Rest des Körpers.
Er dient beim Schwimmen als Ruder.

Seine **Füße** (CH: **Füsse**) sind mit Krallen versehen.
Im **Wasser** kann es genauso gut leben wie an Land.
Seine Eier vergräbt es im warmen Sand oder im Schlamm.
Nach etwa drei Monaten schlüpfen die **Jungen** aus.

Wenn es schwimmt,
sieht man nur seine **Augen** und seine Nasenlöcher.
Das Tier ist ein Fleischfresser.
Seine vielen spitzen, scharfen **Zähne** braucht es nur,
um seine Beute packen zu können.
Was es fängt, schluckt es unzerkaut herunter.

Seine schlimmsten **Feinde** sind die Menschen.
Früher machten sie Jagd auf die Jungtiere,
um aus ihrer Schuppenhaut Leder
für Handtaschen und **Schuhe** herstellen zu können.
Heute ist das zum Glück streng verboten.

Die **Krokodile** sollen ja nicht aussterben!

Hinweis

Die Aufgabe ist einfacher, wenn Sie vor dem Kopieren am Blattrand oder in einem Kästchen
die Silben zum Wegstreichen vorgeben:

au de en fein gen he klau me ne schu schwanz ser ter was zäh

(Die Silben für die Lösung ("kro–ko-dil") fehlen, weil sonst das gesuchte Tier sofort erraten
werden könnte.)

Ein Elefant vergisst nicht

Schneide die Satzstreifen aus.
Schiebe sie so lange herum,
bis die Geschichte stimmt.

Klebe die Streifen untereinander
auf ein Blatt Papier.

Trage die Buchstaben hinter den Sätzen
der Reihe nach in die Kästchen ein:

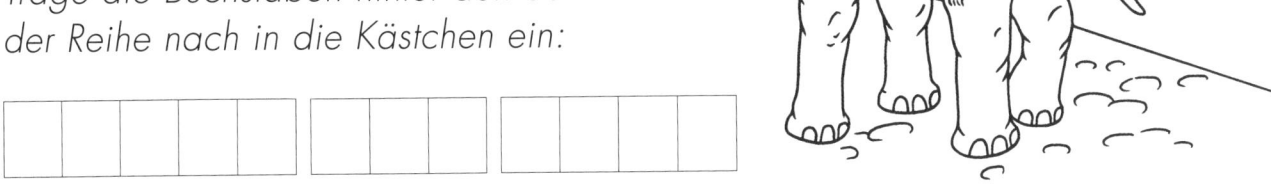

Der Lösungssatz passt zur Geschichte. Schreibe ihn auf:

Einmal war der Mann schlecht gelaunt.	**E**
Beim Brunnen löschte er seinen Durst.	**S**
Wie lachten da die Leute!	**S**
und der Schneider schenkte ihm einen Apfel.	**H**
Der Elefant trottete ruhig weiter.	**T**
Er streckte jedes Mal seinen Rüssel zum Fenster hinein	**C**
Wenn der Zirkuselefant zum Brunnen ging,	**R**
sondern stach ihn mit der Nadel in den Rüssel.	**S**
Er gab dem Elefanten keinen Apfel,	**I**
und spritzte auf dem Heimweg den Schneider tüchtig an.	**S**
Am Schluss saugte er den Rüssel voll Wasser	**Ü**
kam er immer bei einem Schneider vorbei.	**A**

Ein Elefant vergisst nicht ★★★

Lösung

Wenn der Zirkuselefant zum Brunnen ging,	R
kam er immer bei einem Schneider vorbei.	A
Er streckte jedes Mal seinen Rüssel zum Fenster hinein	C
und der Schneider schenkte ihm einen Apfel.	H
Einmal war der Mann schlecht gelaunt.	E
Er gab dem Elefanten keinen Apfel,	I
sondern stach ihn mit der Nadel in den Rüssel.	S
Der Elefant trottete ruhig weiter.	T
Beim Brunnen löschte er seinen Durst.	S
Am Schluss saugte er den Rüssel voll Wasser	Ü
und spritzte auf dem Heimweg den Schneider tüchtig an.	S
Wie lachten da die Leute!	S

Lösung: **RACHE IST SÜSS./ Rache ist süß.**

Wo schwimmen sie?

_Schreibe die Lösungen
unten so ins Gitter,
dass alles passt._

Wenn du die FORELLE angelst,
bleibt übrig, wo du sie findest.

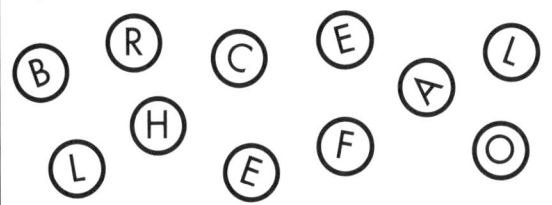

Wenn du den HECHT angelst,
bleibt übrig, wo er schwimmt.

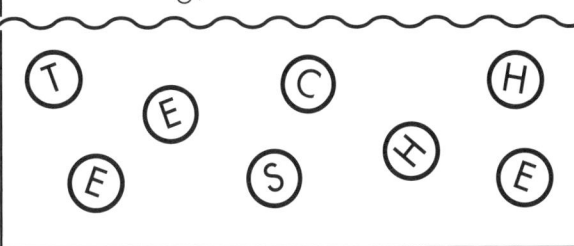

Wenn du den DELFIN angelst,
bleibt übrig, wo er lebt.

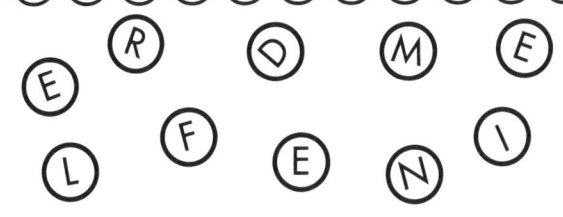

Wenn du den HAI angelst, bleibt
übrig, womit man ihn fangen kann.

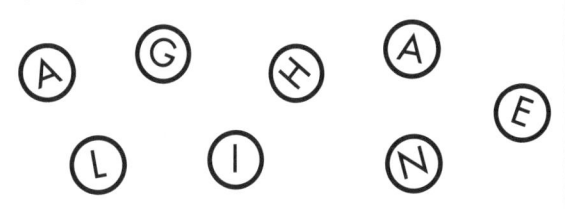

Wenn du den LACHS angelst,
bleibt übrig, wo er schwimmt.

Wenn du den GOLDFISCH angelst,
bleibt übrig, wo er lebt.

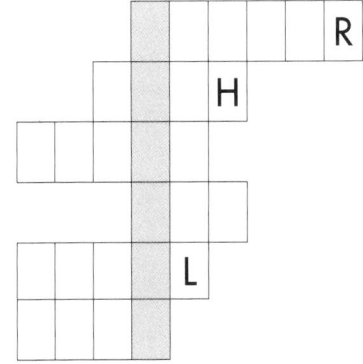

_Lies die Buchstaben
in den grauen Feldern
von oben nach unten._

Das brauchen alle Fische zum Leben:

....

Wo schwimmen sie?

Lösung

FORELLE **BACH**	HECHT **SEE**
DELFIN **MEER**	HAI **ANGEL**
LACHS **FLUSS**	GOLDFISCH **WEIHER**

Alle Fische brauchen **WASSER** zum Leben.

Hinweis

Tipp zum Lösen der Aufgabe: Die Buchstaben, die den Namen des Fisches ergeben, durchstreichen oder übermalen.

Was für eine Unordnung!

Mama schaut ins Zimmer.
Sie ist nicht zufrieden.
„Leg endlich dein Buch weg
und räum dein Zimmer auf!",sagt sie.

Anna rümpft die Nase.
Das Buch ist gerade so spannend.
Sie räumt nicht gern auf.

Macht sie es richtig?
Male die passenden Kästchen aus.

	ja	nein
Die Jacke hängt sie in den Kleiderschrank.	M	Ö
Die Schuhe stellt sie ins Bücherregal.	C	H
Ihre vielen Bücher ordnet sie auf dem Bücherregal.	C	H
Das Federballspiel steckt sie in den Papierkorb.	T	I
Die Kuscheltiere ordnet sie in einer Ecke auf dem Fensterbrett.	F	E
Den Turnbeutel hängt sie an die Lampe.	L	O
Die Legosteine wirft sie in den Wäschekorb.	I	O
Das Tierlexikon legt sie unter das Bett.	E	D
Das Lesebuch steckt sie in die Schultasche.	O	B
Den Wecker stellt sie auf den Nachttisch.	S	E
Den Kugelschreiber legt sie in die Wäschekommode.	R	T
Die Blockflöte steckt sie in die Blumenvase.	W	S
Die CDs sortiert sie in den CD-Ständer.	I	E
Den Pyjama legt sie zusammengefaltet auf den Hocker neben dem Bett.	N	I
Den Teddy setzt sie auf die Bettdecke.	E	T
Die Malstifte steckt sie hinter den Heizkörper.	E	M
Die Schere legt sie in die Schreibtischschublade.	U	R
Den Rahmen mit Omas Foto stellt sie neben die Nachttischlampe.	Ä	L
Das Handy steckt sie in die Ladestation.	R	E
Die schmutzigen Socken verstaut sie in der Nachttischschublade.	S	F
Den Ball bringt sie in der Spielzeugkiste unter.	U	E
Die Computermaus legt sie unter das Kopfkissen.	N	A

Lies die Buchstaben in den ausgemalten Kästchen von unten nach oben
und die Buchstaben in den anderen Kästchen von oben nach unten.

Anna denkt: ....

....

© SCHUBI

Was für eine Unordnung! ★★★

Lösung

	ja	nein
Die Jacke hängt sie in den Kleiderschrank.	M	Ö
Die Schuhe stellt sie ins Bücherregal.	C	H
Ihre vielen Bücher ordnet sie auf dem Bücherregal.	C	H
Das Federballspiel steckt sie in den Papierkorb.	T	I
Die Kuscheltiere ordnet sie in einer Ecke auf dem Fensterbrett.	F	E
Den Turnbeutel hängt sie an die Lampe.	L	O
Die Legosteine wirft sie in den Wäschekorb.	I	O
Das Tierlexikon legt sie unter das Bett.	E	D
Das Lesebuch steckt sie in die Schultasche.	O	B
Den Wecker stellt sie auf den Nachttisch.	S	E
Den Kugelschreiber legt sie in die Wäschekommode.	R	T
Die Blockflöte steckt sie in die Blumenvase.	W	S
Die CDs sortiert sie in den CD-Ständer.	I	E
Den Pyjama legt sie zusammengefaltet auf den Hocker neben dem Bett.	N	I
Den Teddy setzt sie auf die Bettdecke.	E	T
Die Malstifte steckt sie hinter den Heizkörper.	E	M
Die Schere legt sie in die Schreibtischschublade.	U	R
Den Rahmen mit Omas Foto stellt sie neben die Nachttischlampe.	Ä	L
Das Handy steckt sie in die Ladestation.	R	E
Die schmutzigen Socken verstaut sie in der Nachttischschublade.	S	F
Den Ball bringt sie in der Spielzeugkiste unter.	U	E
Die Computermaus legt sie unter das Kopfkissen.	N	A

Anna denkt: **„Aufräumen ist so doof, ich möchte lieber weiterlesen."**

Frisches Obst

Auf dem Tisch stehen drei Körbe mit Obst.
In allen drei Körben sind Äpfel, Birnen und Bananen.

Lies genau und denk nach.
Male die Körbe mit der richtigen Farbe aus
und fülle sie mit der richtigen Anzahl Früchte.

1. In einem Korb liegen vier Bananen.

2. Im roten Korb sind zwei Birnen.

3. Zwei Bananen und eine Birne liegen zusammen im gleichen Korb.

4. Der erste Korb ist grün.

5. In einem der Körbe liegen drei Birnen und zwei Äpfel.

6. Es sind drei Äpfel im grünen Korb.

7. Vier Äpfel und drei Bananen sind zusammen in einem Korb.

8. Der braune Korb steht neben dem Korb mit den drei Äpfeln.

Wie viele Birnen liegen im braunen Korb? ....

Frisches Obst

Lösung

	Korb 1	Korb 2	Korb 3
Farbe	grün	braun	rot
Anzahl Bananen	2	4	3
Anzahl Birnen	1	3	2
Anzahl Äpfel	3	2	4

Im braunen Korb liegen **3/drei Birnen**.

Hinweise

– „Links" und „rechts" ist immer vom Betrachter aus gesehen.

– „Der erste …", „der zweite …", „der letzte …" ist in der Leserichtung zu verstehen.

– Falls nötig, erklären Sie den Kindern das Prinzip eines Logicals anhand eines Beispiels und erarbeiten Sie gemeinsam verschiedene Lösungsstrategien.

– Tipp zum Lösen der Aufgabe: Die erfüllten Angaben durchstreichen.

– Möglicher Lösungsweg: 4 → 6 → 8 → 2 → 5 → 7 → 3 → 1

aus: Stucki, Logic Riddles for Kids, SCHUBI Lernmedien AG 2003

Wo ist der Taschendieb?

Da ist ja mächtig Aufregung auf dem Dorfplatz!
Frau Berger schildert empört, wie ihr der freche Taschendieb die Geldbörse aus der Einkaufstüte geklaut hat. Inspektor Muff brummt: „Geldtaschen gehören auch nicht in die Einkaufstüte, merken Sie sich das!"

Zum Glück hat Frau Berger den Dieb genau gesehen. Zusammen mit dem, was die übrigen Leute auf dem Dorfplatz beobachtet haben, hat Inspektor Muff bald eine gute Beschreibung des Täters:

Der Taschendieb ist schon älter.
Er hat eine Glatze und einen Schnurrbart,
Eine Jacke hat er nicht dabei, aber er trägt einen Rollkragenpulli.
Die umstehenden Leute sind sich nicht sicher, ob der Pulli gemustert ist oder nicht.
Er trägt weder Hut noch Mütze und er hat auch kein Halstuch an.
Der Dieb ist Nichtraucher. Er trägt keine Brille.
Das gestohlene Portemonnaie muss er in die Hosentasche gesteckt haben,
denn er hat kein Gepäck bei sich.

Wenn sich Inspektor Muff beeilt, kann er den Dieb noch fassen, bevor er sich aus dem Staub gemacht hat.

Hast du ihn auch erkannt? Male ihn aus.

Wo ist der Taschendieb? ★★★

Lösung